A.

GUERRE DE TROIS JOURS.

DÉTAILS

OFFICIELS DE

Tous les Événemens

QUI ONT EU LIEU A PARIS

Dans les Journées mémorables des 27, 28 et 29 Juillet 1830.

VALENCIENNES ;

Imprimerie de A. Prignet, rue de la Nouvelle-Hollande, n° 4.

C'est par Mᵉ Joffrès qu'était commandé le détachement qui s'empara du poste de l'Abbaye, et qui fit mettre en liberté les militaires détenus pour insubordination. Le lendemain, M. Joffrès était à la tête de l'une des deux divisions qui partirent de la place de l'Odéon avec une pièce d'artillerie, pour aller attaquer la caserne des Suisses, rue de Babylone. Parmi ces braves se faisait remarquer un nombreux peloton composé des ouvriers de la fabrique de MM. Adon et Bonnaire, à Vaugirard, sous la conduite de M. Collas, contre-maître de l'établissement. Après trois quarts d'heure d'attaque, les cartouches commençaient à manquer aux assaillans, lorsque M. Joffrès ordonna d'aller chercher de la paille pour mettre le feu à la caserne. Aussitôt on vit accourir des femmes apportant sur leur tête les paillasses de leur lit : l'incendie commença dans la rue Plumet, et la fumée de cette place força les Suisses à quitter les croisées d'où il faisait un feu très vif et très meurtrier. Peu de temps après M. Joffrès ayant ordonné de tirer la pièce d'artillerie, qui n'avait de munition que pour un seul coup, on apprit que les Suisses, effrayés par l'incendie et par cette détonation, accablés de fatigue, démoralisés, se sauvaient pardessus les murs des jardins, en se dirigeant du côté des Boulevards. Tout le monde s'accorde à dire que la prise de cette caserne fut un des plus beaux faits d'armes des journées de juillet : la résistance fut terrible et opiniâtre ; un très-grand nombre de citoyens y furent blessés, et quarante d'entre eux y restèrent morts sur la place.

Les troupes nationales se rallièrent avec le plus grand ordre dans la rue de Sèvres, et retournèrent victorieuses sur la place de l'Odéon. Là, M. Lanoix élève de l'école polytechnique, qui commandaient l'une des divisions à la caserne des Suisses, proposa de s'emparer du Luxembourg. M. Joffrès le seconda dans son projet, en se rendant maître de l'entrée principale qui est en face de la rue de Tournon ; il est vrai de dire que les vététans, qui gardaient le palais ne voulurent point tirer sur leurs concitoyens. Bientôt M. Lenoix fit arborer par un de ses camarades le drapeau tricolore sur le palais de la chambre des pairs. Des postes furent établis à la galerie des tableaux et partout où il y avait des propriétés à faire respecter.

Ces deux divisions, ayant à leur tête M. Joffrès, en uniforme de garde national, et M. Lanoix, élève de l'école polytechnique tous deux à cheval, se dirigèrent alors vers le Louvre ; mais elles apprirent en route que les Suisses et la garde royale en avaient été chassés. Les deux chefs auxquels le peuple donnait le nom de général, firent ranger leur troupe en colonne dans la cour du Louvre. Des cris : *On pille aux Tuileries* s'étant fait entendre la colonne se mit en marche avec un détachement commandé par le capitaine Bacheville, et se porta au chateau des Tuilleries, ou elle fit évacuer quelques appartemens ; en menaçant de fusiller quiconque se livrerait au moindre pillage.

DETAILS

OFFICIELS

De Tous les Evénemens

QUI ONT EU LIEU DANS PARIS

Dans les journées mémorables des 27, 28 et 29 juillet.

Comment tracer les événemens plus qu'extraordinaires qui viennent de se passer et qui surpassent tous ceux déjà inscrits ! Les habitans de la grande cité étaient, pour ainsi dire, endormis ; mais au mot de liberté, ils se sont réveillés.

Nous allons donner le plus exactement possible, la relation de tout ce qui s'est passé dans les journées à jamais mémorables des 27, 28 et 29 juillet.

Le dimanche 25 juillet, un calme profond régnait dans Paris. L'ouverture des deux Chambres, convoquées par le roi, devait avoir lieu le 3 août ; mais le croirait-on ? dans une semblable sécurité, le plus infâme des complots était tramé contre la France entière. Nous nous exemptons de toute réflexion : des faits seuls, et rien que des faits, doivent suffire à l'histoire.

Le 26 au matin, on apprend les deux ordonnances qui abolissaient les droits sacrés du peuple.

Le Palais-Royal, centre de l'activité de la population de Paris, fut encore le rendez-vous des premiers groupes ; une force armée les disperse ; les portes sont de nouveau fermées ; mais la foule, sans se séparer, se retranche dans les rues circonvoisines. Ce fut seulement alors que l'on vit quelques armes. A trois heures, les rue St.-Honoré, de Richelieu, de Valois, Fromenteau, de Chartres, Saint-Thomas-du-Louvre, étaient encombrées. On voyait paraitre des citoyens de toutes classes ; des détachemens de gendarmerie à pied et à cheval repoussaient violemment et curieux et citoyens, munis de bâtons et de pierres. Insensiblement l'affluence augmenta ; elle s'étendit jusqu'aux quais et aux boulevards. Les charges étant devenues fréquentes et vives, la résistance dut s'accroître ; et bientot une première fusillade s'entendit dans la rue St.-Honoré, et fit de nombreuses victimes parmi les jeunes gens des écoles et de toutes les classes qui, sans être intimidés, se rallièrent sous le feu ennemi et conservèrent leur position.

La soirée du 27 fut décisive, car alors commença cet admirable accord des mesures défensives, exécutées sans concert préalable et comme par une espèce de généreux instinct. En un clin d'œil, les rues St.-Honoré, de la Monnaie et Montmartre furent sans reverbères. On plaça en travers des ruisseaux d'énormes poutres destinées à arrêter la course des chevaux. Des citoyens se rendirent avec ordre chez les armuriers qui livrèrent des armes ; on distribua de la poudre et des cartouches ; des rassemblemens s'armèrent sur la place de la Bourse, sur les boulevards ; et cependant tel fut l'ordre avec lequel s'exécutèrent tous ces préparatifs, qu'il n'y eut pas un seul acte répréhensible de commis.

Tout était préparé : tandis que l'autorité expirante cherche à répandre une ordonnance qui met Paris en état de siège, et investit Raguse du commandement de la force armée, choix digne de l'homme et des ministres, un corps de peuple s'empare de l'hotel de ville et s'y cantonne. Des rassemblemens immenses se portent dans toutes les rues voisines du Palais-Royal, des boulevards, des quais ; les écoles de droits et de médecine cherchent des armes et des munitions ; les gardes nationaux prennent leurs fusils ; les signes du gouvernement royal disparaissent comme par enchantement de tous les monumens publics et de toutes les maisons particulières. Tout cela s'exécute sans cris, sans violence, avec un ordre qu'on cherche à comprendre et qu'on ne peut qu'admirer.

Cependant l'autorité avait déployé la force armée la plus formidable. Des régimens nouveaux avaient été introduits pendant la nuit ; on mit à la fois en mouvement la gendarmerie, la garde royale, les troupes de ligne et les suisses. Mais déjà, si la gendarmerie, et surtout les suisses se faisaient remarquer par leur acharnement, on voyait de l'hésitation dans la garde royale, et une répugnance extrême dans la troupe de ligne.

Le combat s'engagea vers neuf heures : il fut général , mais le point principal fut l'Hôtel-de-Ville. C'est là que, par la main des suisses de la garde , furent faites les premières décharges qui, retentissant dans tous les quartiers de Paris , firent saigner le cœur de tous les citoyens. Nous n'oublierons de longtems cette épouvantable fusillade , et ces décharges d'artillerie qui durèrent douze heures sans interruption , et pendant lesquelles l'Hôtel-de-Ville fut plusieurs fois pris et repris. La perte fut considérable dans l'armée ; elle fut nombreuse dans le peuple. Nous avons vu transporter les blessés et les morts par charretées ; et si quelque chose pouvait adoucir l'horreur d'un si affreux spectacle dans une ville telle que Paris , c'est le respect dont toute la population , les hommes armés eux-mêmes environnaient les victimes, quelles qu'elles fussent. Les blessés n'étaient plus des ennemis ; c'étaient des frères , c'étaient des Français.

Tandis qu'on se battait dans les quartiers de Paris , des citoyens avaient arboré le drapeau tricolore sur les tours de Notre-Dame. Le tocsin sonnait à la fois dans plusieurs paroisses. La guerre était accompagnée d'un ordre étonnant ; la défense était calme , méthodique. En tête des combattans on voyait l'école Polytechnique , alliant la prudence du talent à l'intrépidité de la jeunesse. On voyait aussi des premiers détachemens de la garde nationale, échelonnés sur les quais des Augustins , Malaquais et Voltaire ; ils soutenaient des rassemblemens établis sur ces divers points, et qui échangeaient des coups de fusil avec les suisses du Louvre et des Tuileries. Sur les boulevards , le combat n'avait pas moins de méthode. Des citoyens s'étaient placés sur la porte Saint-Martin , d'où ils faisaient pleuvoir sur la troupe des pavés et des fragmens de bois et de tuile. Dans la rue St.-Antoine , on découvrait les maisons , et les tuiles étaient lancées sur les gendarmes. Répétons que la troupe de ligne a tiré à peine quelques coups de fusil. On l'a vue frémissant de l'affreuse boucherie à laquelle elle assistait , sans pouvoir venger le peuple indignement massacré.

La fusillade générale cessa dans la soirée : déjà le désavantage des troupes était marqué ; la garde refusait le service ; les officiers , après des invitations réitérées , ont eu souvent recours aux coups de crosse.

C'est dans la nuit du 28 au 29 que s'exécutèrent les premières barricades. On dépava les rues ; des charrettes , des voitures , des fiacres , des Omnibus et jusqu'à des diligences furent renversés à côté des tonneaux remplis de pierres. Paris, en quelques heures, privé de tous ses reverbères et complètement barricadé, était devenu imprenable.

Ses ennemis, après en avoir acquis la conviction, évacuèrent les points qu'ils occupaient, ne gardant que le Louvre, les Tuileries et leurs environs. Les suisses se placèrent aux étages supérieurs, pour se donner le cruel plaisir de tirer sans danger sur le peuple. Mais ces derniers efforts étaient désormais inutiles. La question était résolue.

Le 29 au matin, les gardes nationaux occupaient l'Hôtel-de-Ville. Le drapeau tricolore était partout; les citoyens, restés maitres des trois quarts de la ville, n'avaient plus que peu de combats à livrer pour la posséder toute entière. La garde royale stationnant, ou plutôt couchée sur la place Louis XV, refusait de poursuivre. « *Qu'on nous tue*, disaient-ils, *s'il le faut; mais nous ne pouvons plus faire l'odieux métier auquel on nous a condamnés depuis deux jours.* » Quant à la ligne, elle s'était ou retirée ou rendue : elle fraternisait avec le peuple ; on s'embrassait, on pleurait de joie d'avoir affranchi la patrie.

Le Louvre a été emporté avec une vigueur dont une armée organisée aurait à peine fourni d'exemples; les pelotons étaient commandés par les courageux élèves de l'école polytechnique; l'épée à la main, ils ont dirigé le mouvement avec le sang-froid de vieux soldats ; ils se sont montrés dignes de leurs devanciers.

FAITS ET ACTIONS D'ÉCLATS.

Rue du Faubourg-Montmartre, un vieillard fort connu dans le quartier du Luxembourg, fort peu ingambe, et traînaut avec peine une jambe de bois, venait de s'emparer du fusil d'un Suisse, il retournit au feu triomphant. Passent deux jeunes gens. Donne-nous ton fusil, vieillard, tu es blessé, tu es vieux, nous nous en servirons mieux que toi? — Le vieillard refuse de donner son arme. — Je veux me battre disait-il. Les jeunes gens insistent; le fusil du Suisse est arraché, et les jeunes gens vont se battre. Le vieillard se désolait, se tordait les mains. On veut le consoler, il se fâche plus haut : on lui offre des pistolets — C'est mon fusil que je veux, s'écrie-t-il, je veux me battre avec un fusil! — Et le vieillard est parti en boîtant chercher un autre fusil.

Un ouvrier travaillait rue du Faubourg-Montmartre par un soleil brûlant : « Venez vous rafraîr mon brave, lui dit le docteur Sammel, qui avait établi une ambulance sous sa porte. — Non, Monsieur, répond l'ouvrier, mon frère a été tué hier sous les piliers des halles, et j'ai juré de ne manger que du pain et de ne boire que de l'eau avant de l'avoir vengé. »

On cite un mot excellent d'un vénérable vétéran de la rue Notre-Dames-des-Victoires : « Vous avez donc rendu vos armes, lui dit un voisin ? — Rendu mes armes ! dit le brave homme, je les prête, mais je ne les rends pas ! »

Un garçon brasseur, nommé Richard, et Dubois, ancien maréchal-des-logis, se sont battus le 31 juillet, entre Sèvres et Versailles, contre vingt cuirassiers de la garde royale ; ils ont demonté deux soldats, et sont revenus sur leurs chevaux à Paris.

Dans l'affaire du 28 juillet, au moment où la résistance n'était pas encore bien organisée, sur la place de l'Hôtel-de-Ville, un jeune homme, qui portait un étendard au bout d'une lance, croyant remarquer un peu d'hésitation parmi les troupes Parisiennes, s'avance à dix pas de la garde royale en disant à ses camarades : « Je vais vous montrer comme on sait mourir. » Il tombe à l'instant même percé de plusieurs balles.

Dans la même journée, un enfant de quinze ans s'est avancé au milieu des feux de mitrailles et de mousqueterie, jusqu'auprès d'un des officiers commandant la cavalerie qui appuyait les canons, et d'un coup de pistolet, il lui a cassé la tête. Aussitôt une décharge a été faite sur lui, mais l'enfant ayant prévu ce qui arriverait, s'était jeté à plat ventre, et s'étant ensuite relevé, il s'est échappé sain et sauf. S'apercevant alors que sa casquette était restée sur la place, il y retourne sans hésitation, et revient de nouveau sans avoir été atteint.

A l'attaque du Louvre, un jeune homme de dix-huit ans, nommé Charles Bourgeois, ouvrier serrurier, né à Rocroix, (Ardennes), est monté le premier, armé de pistolets non chargés, (il manquait de poudre), et il a été planter le drapeau sur la colonnade. Bourgeois, poursuivi par cinq Suisses, a reçu plusieurs coups de baïonnettes, qui l'ont mis hors d'état de travailler. Bourgeois nous dit, comme ce soldat d'Alger :

« Accordez-moi une ligne dans le journal ; que mon père
« lise mon nom imprimé ; voilà tout. » Accordons cette
ligne au brave Bourgeois !

Les uns ont refusé de vendre leurs armes au plus haut
prix. *Je tiens à mon fusil*, disait un chiffonnier, *il m'a
déjà servi deux fois.*

Une troupe passe rue Montmartre, près d'un marchand de
vin. La troupe est altérée ; elle a chaud : *Aujourd'hui*, dit le
chef, *pas d'eau-de-vie, pas de vin pur, de l'abondance seulement.* Et la troupe ne boit que de l'eau et du vin.

Dans une des rues adjacentes à la grande rue du faubourg
St.-Honoré, un officier de la garde commandant un détachement nombreux, faisait faire des feux de peloton sur toutes les
personnes qui apparaissaient vers l'extrémité de la rue. Des
femmes et des vieillards, tombés sous les balles, gisaient sur
le pavé, et l'atroce officier, prenant à peine le soin de se dé-
tourner pour ne pas fouler aux pieds ces déplorables victimes,
regardait aux fenêtres et souriait aux femmes que l'intérêt puissant de ces tragiques scènes engageait à s'y montrer. Un coup
de fusil parti d'une croisée a puni de mort ce meurtrier insolent.

Rue Ste-Appoline, au coin de la rue St-Martin, un brave
citoyen de Paris, qui était resté sur le boulevard, a tiré sur
les gardes royaux, depuis cinq heures jusqu'à huit. Chaque
coup de fusil en faisait descendre un ; ils ont été forcés d'a-
bandonner leur poste.

Rue St-Honoré, un jeune citoyen de vingt-deux ans, est
allé prendre, au milieu des balles et de la mitraille, un officier
supérieur à la tête de son régiment ; il l'a désarmé en entier
sur la place même, et ne l'a ramené au milieu du peuple qu'-
entièrement privé de ses armes et de ses vêtemens.

M. Lanjuinais, pair de France, a combattu avec une rare
intrépidité, dans les rangs des défenseurs de la liberté. On
l'a vu, revêtu de son habit de pair, se jeter l'épée à la
main sur une pièce de canon.

Le nommé Rigaut (Henri-Adolphe), âgé de dix-sept ans,
qui a marché en tête des citoyens sur le Louvre, a reçu une

balle au bras gauche et à la jambe droite , et lui a fracturé les os , il nous disait avec une triste résignation : « La veille (le mercredi), je m'étais trouvé au milieu des balles et de la mitraille , je n'avais pas été atteint ; je n'ai fait que paraître au Louvre , et la même balle m'a frappé en deux endroits. »

Citer tous les traits d'héroïsme venus à notre connaissance est impossible. Des femmes et des enfans se sont mêlés aux combattans. On a vu sur la place de Grève deux femmes au premier rang , s'emparer des fusils des soldats tués , et tirer sur les troupes royales, pendant plus de deux heures. D'autres se précipitaient au milieu des combattans pour leur porter du pain et du vin. Jamais nation ne s'est battue avec autant d'élan et de patriotisme.

Un citoyen trouve chez la duchesse de Berry une cassette damasquinée en or et pleine d'or ; il la porte lui-même à l'Hôtel-de-Ville , où le précieux fardeau a été déposé.

JEUDI 29.

Au point du jour , le 29 , les gardes nationaux et les citoyens qui avaient des armes se levèrent dans la ferme résolution de chasser de Paris ce qu'il pouvait y rester de troupes royales. Quelques serviteurs de Charles X, bien éclairés sur l'état des choses et sur les dangers que courait la puissance royale, se rendirent à Saint-Cloud , conjurèrent Polignac de donner sa démission , et le roi de révoquer ses fatales ordonnances. Un dieu malfaisant avait sans doute couvert les yeux du prince et des siens d'un impénétrable voile. Tous deux refusèrent, le premier de faire un pas en arrière, le second de quitter le pouvoir.

Les deux premiers jours on s'était battu avec intrépidité , mais sans méthode et sans autre guide que cet instinct de bravoure si naturel au peuple français. Le 29 au matin, quelques bons citoyens sentent la nécessité de donner aux troupes constitutionnelles des chefs expérimentés qui les conduisent à la victoire aux moindres frais et le plus promptement possible. Le général Dubourg prend le commandement d'une colonne et s'empare de la place de la Bourse ; le général Gérard réunit les nombreux détachemens qui arrivent de toutes parts , et les dirige sur le Louvre et les Tuileries.

Ces deux palais étaient remplis de troupes royales. Des Suisses, placés aux fenêtres du premier, et rangés sur la terrasse formée par la belle colonnade de Perrault, faisaient un feu meurtrier sur la place de Saint-Germain-l'Axerrois. Les constitutionnels ripostent de la rue des Prêtres, de la rue Chilpéric, du quai de l'Ecole, puis finissent par monter sur les maisons voisines. Du sommet de celle habitée par M. Dupuytren, une demi-douzaine de tirailleurs chassent les Suisses de la terrasse et de l'entre-colonnement ; et pendant qu'un fort détachement se porte au pas de charge contre les grilles, les brise, et pénètre dans la cour, un enfant de quinze ans, gravissant le long d'une conduite en bois, destinée à recevoir et amener des déblais et platras, depuis le pavé jusqu'à terre, parvint sur la terrasse et en prend possession. Tout ce qui se trouvait au Louvre de troupes royales se rendit ou se reploya sur les Champs-Elysées.

« Le major-général de service ordonne au 2ᵉ régiment de grenadiers à cheval de se porter à l'entrée des Champs-Elysées pour y passer la nuit. Ce régiment sera sous les ordres du général Saint-Chamant. »

Il ne restait plus aux soldats citoyens qu'à prendre le poste du Palais-Royal. Un bataillon du 1ᵉʳ de la garde occupait l'intérieur et les coups du Palais ; une compagnie du 3ᵉ et plusieurs compagnie du 6ᵉ étaient retranchées dans les maisons qui forment les encoignures de la place et de la rue Saint-Honoré. Un citoyen dont nous avons parlé, et qui, la veille, avait envoyé la mort à plusieurs d'entre eux, était revenu à son poste à la pointe du jour, et à cinq heures du matin il avait annoncé son retour en tuant deux soldats cachés derrière les jalousies d'un 2ᵈ étage. La garde ne cessait de tirer, et son feu était si peu interrompu, qu'on n'avait point encore osé enlever deux jeunes gens qu'elle avait tués le 28 au soir, et dont les cadavres gissaient sur les trottoirs de la rue de la rue de Valois.

Le 29 à midi, les nombreuses fusillades des soldats de la garde n'avaient encore fait aucune victime, et quoique cachés derrière des jalousies, huit des leurs avaient perdu la vie ; à une heure un soldat vint annoncer que les troupes réunies dans les Champs-Elysées avaient demandé une suspension d'armes, et que le gouvernement provisoire l'avait accordée ; un gendarme sortit du corps-de-garde, et parcourut la place en agitant un mouchoir blanc, et

en criant : *Ne tirez plus , ne tirez plus.* Mais les soldats ne
tinrent aucun compte de cette injonction, et continuèrent
leur feu , tant les boissons qu'on leur avait distribuées les
avaient exaspérés. Dans le même moment, une cinquan-
taine de citoyens débouchèrent de la rue Saint-Honoré , et
s'éparpillèrent sur la place en jetant les cris de *vive la
Charte !* et en invitant les gardes à ne plus tirer ; le feu
ne discontinuant pas, un jeune homme pose son fusil, se
met à genoux devant les croisées d'où les coups partent ;
il présente sa poitrine , et il leur dit : « Mes frères , je vous
en supplie, ne tirez plus; s'il vous faut encore du sang ,
prenez le mien , voici ma poitrine ; donnez-moi la mort,
mais au nom de l'humanité ne tirez plus sur vos frères.»
Deux ou trois coups de fusil se firent entendre pendant
l'action sublime de ce jeune français. Mais le calme revint.
Des citoyens furent bientôt en grand nombre sur la place;
ils abordèrent les gardes du 1er régiment qui se tenaient
dans la cour du Palais , ils les supplièrent de mettre bas
les armes ; on se serra les mains en signe de paix à travers les grilles ; les portes s'ouvrirent , le peuples et les
soldats fraternisèrent , s'embrassèrent , et allèrent ensemble
au corps-de-garde de la gendarmerie à pied, qui rendit
ses armes et ses munitions sans résistance.

Les citoyens longèrent la rue de Chartes, ils fraternisèrent avec des grenadiers qui occupaient plusieurs maisons;
enfin ils s'apprêtaient eux-mêmes à déposer leurs armes ;
lorsque tout-à-coup un citoyen accourt du côté de la place
en criant : « Ne posez pas vos armes , nous sommes trahis!»
et aussitot un bruit terrible de mousqueterie retentit dans
la rue de Chartres et sur la place. La foule se disperse de
tous cotés ; elle ne sait dans quel endroit fuir pour évi-
ter la mort. Un feu roulant couvre toute la place et les
rues qui l'avoisinent. Cependant on revient d'un premier
étonnement, on se rallie , on se porte aux encoïgnuresdes
rues, et on dirige ses efforts sur les maisons où la garde
s'était retranchée. Ceux de la cour du palais avaient livré
leurs armes aux citoyens , et se trouvaient exposés sans défense aux balles de leurs camarades. Le feu le plus vif,
le combat le plus acharné qu'on eût peut-être jamais vu
dans le cours de la révolution de 89, dura près de trois
heures Quatre fois il fut interrompu , et quatre fois le peu-
exhorta vainement les soldats » se rendre, et leur promit
qu'il ne leur serait fait aucun mal. Enfin faute de cartouches, les soldats cessèrent de tirer , et les citoyens en

arrêtèrent un grand nombre. Loin de se venger, ils les laissèrent libres d'aller où bon leur semblerait ; seulem ent ceux qui avaient résisté à leurs prières, ceux qui un instant auparavant avaient étendu plus de vingt des leurs sur le carreau, furent promenés sur la place, forcés de crier *vive la Charte !* et enfermés au corps-de-garde, d'où on les fit sortir pendant la nuit. Ceux qui étaient retranchés dans les maisons de la rue St.-Honoré furent pris d'assaut ; on en laissa échapper plusieurs ; mais un jeune officier qui les commandait, et qui, par ses menaces , les avait forcé de combattre jusqu'à la dernière extrémité , reçu la punition qu'il méritait.

LA MUNICIPALITÉ DE PARIS A L'ARMÉE FRANÇAISE.

Braves Soldats,

Les habitans de Paris ne vous rendent pas responsables des ordres qui vous ont été donnés ; venez à nous, nous vous recevrons comme nos frères ; venez vous ranger sous les ordres d'un de ces braves généraux qui ont versé leur sang pour la défense du pays en tant de circonstances, le général Gérard. La cause de l'armée ne pouvait être long-tems séparée de la cause de la nation et de la liberté : sa gloire n'est-elle pas notre plus cher patrimoine ? Mais aussi elle n'oubliera jamais que la défense de notre indépendance et de nos libertés doit être son premier devoir. Soyons donc amis, puisque nos intérêts et nos droits sont communs. Le général Lafayette déclare, au nom de toute la population de Paris, qu'elle ne conserve à l'égard des militaires français aucun sentiment de haine ni d'hostilité ; elle est prête à fraterniser avec tous ceux d'entre eux qui reviendront à la cause de la patrie et de la liberté, et qu'elle appelle de tous ses vœux le moment où les citoyens et les militaires, réunis sous un même drapeau, dans les mêmes sentimens, pourront enfin réaliser le bonheur et les glorieuses destinées de notre belle patrie.

Vive la France !

Signé, LE GÉNÉRAL LAFAYETTE.

CANTATE

DE M. CASIMIR DELAVIGNE,

Chantée aux théâtres des Variétés, des Nouveautés, de la Porte St.-Martin, par M. Adolphe Nourrit, de l'Opéra, au milieu des applaudissemens les plus vifs et les plus unanimes.

La Parisienne.

Peuple Français, peuple de braves,
La Liberté r'ouvre ses bras ;
On nous disait : Soyez esclaves !
Nous avons dit · Soyons Soldats !
Soudain Paris, dans sa mémoire,
A retrouvé son cri de gloire :
   En avant, marchons
   Contre leurs canons ;
A travers le fer, le feu des bataillons,
   Courons à la victoire.

Serrez vos rangs, qu'on se soutienne !
Marchons ! chaque enfant de Paris
De sa cartouche citoyenne
Fait une offrande à son pays.
O jour d'éternelle mémoire !
Paris n'a plus qu'un cri de gloire :
   En avant, etc.

La mitraille en vain nous dévore,
Elle enfante des combattans.
Sous les boulets, voyez éclore
Ces vieux généraux de vingt ans.
O jour d'éternelle mémoire !
Paris n'a plus qu'un cri de gloire :
   En avant, etc.

Pour briser leurs masses profondes,
Qui conduit nos drapaux sanglans ?
C'est la Liberté des deux Mondes,
C'est Lafayette en cheveux blancs.
O jour d'éternelle mémoire !
Paris n'a plus qu'un cri de gloire :
   En avant, etc.

Les trois couleurs sont revenues,
Et la colonne avec fierté
Fait briller à travers les nues
L'arc-en-ciel de la liberté.
O jour d'éternelle mémoire !
Paris n'a plus qu'un cri de gloire :
En avant, etc.

Soldat du drapeau tricolore,
D'Orléans ! toi qui l'a porté,
Ton sang se mêlerait encore
A celui qu'il nous a coûté.
Comme aux beaux jours de notre histoire,
Tu redirais ce cri de gloire :
En avant, etc.

Tambours, du convoi de nos frères,
Roulez le funèbre signal ;
Et nous, de lauriers populaires
Chargeons leur cercueil triomphal.
O temple de deuil et de gloire !
Panthéon, reçois leur mémoire !
Portons-les, marchons,
Découvrons nos fronts,
Soyez immortels, vous tous que nous pleurons,
Martyrs de la victoire.

Le 29 au matin, déjà le peuple s'ébranlait pour aller aux Tuileries et au Louvre, quand un renfort inespéré lui arriva. Les élèves de l'Ecole Polytechnique avaient forcé les portes de leur école. Ils venaient combattre, eux aussi, pour la constitution et pour les lois. Ces braves ont été salués avec transport. Ils ont tous d'abord pris le commandement des troupes. Le manège du Luxembourg leur a été ouvert. — Je suis votre chef, disait l'un, et il montait sur un cheval blanc. — Général, disait l'autre, je suis votre aide-de-camp, et il se mettoit un foulard jaune à la ceinture, en guise d'écharpe. L'un surveillait les poudres ; l'autre dirigeait le canon, car le jeudi nous avions du canon. — A la fin, on part contre le Louvre ; à onze heures le Louvre était enlevé. — C'est un élève de l'Ecole, qui a pris le Louvre, un héros de vingt ans. Malgré la mitraille des suisses, le jeune homme marcha au pas jusqu'à la grille. Les balles tombent sur lui, autour de lui, et il ne s'en émeut pas. Il arrive jusqu'à la grille, un officier supérieur s'approche aussitôt : « Ouvrez, dit le jeune commandant, si vous ne voulez point être exterminés, car la liberté et la force sont pour le peuple. » — L'officier s'y refuse, et lâche son pistolet dont le coup ne part pas. Le jeune homme saisit alors l'officier, et lui porte son épée à la gorge. « Votre vie est à moi, dit-il, mais je ne veux pas verser de sang. »

Le Louvre fut emporté à une heure, et successivement tous les points d'attaque eurent le même sort. Un combat très-vif s'engagea vis-à-vis des Tuileries et sur le Pont-Royal; le château fut forcé vers quatre heures; le peuple brisa quelques meubles, but quelques bouteilles de vin, mais porta, soit à l'Hôtel-de-Ville, soit dans d'autres dépôts, tout ce qui avait quelque prix.

PATER, AVE et CREDO
NATIONAUX.

Pendant les Trois grandes Journées, les Patriotes ne récitaient que les prières suivantes :

Notre Roi, qui êtes à Saint-Cloud; que votre Nom soit détesté; que votre règne finisse tout de suite; que votre volonté soit nulle en p ovince comme à Paris; laissez-nous nos journaux quotidiens; pardonnez-nous la révolution comme nous pardonnons les Ordonnances à ceux qui les ont faites, et ne nous laissez pas succomber sous les Balles des Suisses, mais délivrez-nous de votre présence pour toujours. Ainsi soit-il !

AVE.

Je vous salue Patrie où règne la liberté que nous avons achetée au prix de notre sang; d'Orléans et Lafayette sont avec nous, pour nous en assurer la conservation; vous êtes la reine de tous les peuples qui admirent votre gloire immortelle, pour jamais le successeur de Charles IX est en exécration à l'univers entier, et la Charte de 1830 est bénie.

Ex-roi de France, soyez maudits vous et clique jésuitique, maintenant et à l'heure de votre mort. Ainsi soit-il !

CREDO.

Je crois Philippe Ier, tout puissant et protecteur de la Charte et des lois. Je crois à la naissance légitime de ses enfans plus qu'à celles du duc de Bordeaux. Je crois qu'à Jemmappes il a souffert pour notre liberté; qu'il serait mort de douleur pendant notre heureuse révolution; que le troisième jour il est sorti glorieux, est monté sur le trône d'où il saura juger les bons et les méchans.

Je crois à la Charte, au bon esprit des chambres, au bon accord de tous les partis, à la résurrection de la liberté, qui sera pour nous la vie éternelle. Ainsi soit-il.